EINFACH GUT

Elke Fuhrmann (Hrsg.)

Salate

FALKEN

Inhalt

Zu diesem Buch 3

Blattsalate 4
Gemüsesalate 24
Sattmachersalate 46

Rezeptverzeichnis 64

Zu diesem Buch

Salate sind zu einem wichtigen Bestandteil eines ausgewogenen Menüs geworden, erfreuen sich aber auch als Hauptgericht gerade in der heißen Jahreszeit großer Beliebtheit. Das Angebot an Blattsalaten, frischen Gemüsen und Kräutern ist so umfangreich geworden, daß der Variationsvielfalt an Salaten praktisch keine Grenzen gesetzt sind. Darüber hinaus sind Salate kalorienarm, reich an Vitaminen und Ballaststoffen und – sie sind rasch zubereitet.

Die Rezepte in diesem Band sind übersichtlich nach Blattsalaten, Gemüse- und Sattmachersalaten geordnet.

Beim Einkauf sollten Sie darauf achten, daß Blattsalate, Gemüse und Kräuter frisch aussehen. Beim Putzen und Waschen Salat und Gemüse nur kurz unter fließendem Wasser säubern, nicht zerkleinert für längere Zeit ins Wasser legen. Auch sollten Sie das Gemüse nur kurz garen und dann eiskalt abschrecken, damit es seine frische Farbe behält.

Jedes Rezept in diesem Buch ist ausführlich erklärt. Die Mengenangaben in den Rezepten sind für 2 Personen berechnet. Über jedem Rezept gibt es neben der Kalorienangabe einen Hinweis zum Zeitaufwand, wobei die Zubereitungszeit die Vorbereitungs- und Garzeit umfaßt:

schnell = Zubereitungszeit bis zu 1/2 Stunde,
braucht Zeit = Zubereitungszeit 1/2 bis 1 1/2 Stunden,
zeitintensiv = Zubereitungszeit länger als 1 1/2 Stunden.

In der Zubereitungsanweisung wird vorausgesetzt, daß Obst, Salat, Gemüse und Kräuter gewaschen und geputzt sind. In der Kurzinformation über jedem Rezept finden Sie zudem eine passende Beilagen- oder Getränkeempfehlung.

Abkürzungen:

EL	= Eßlöffel (gestrichener)
TL	= Teelöffel (gestrichener)
Msp.	= Messerspitze
TK	= tiefgekühlt
l	= Liter
ml	= Milliliter = (1/1000 l)
kg	= Kilogramm
g	= Gramm
kcal	= Kilokalorien
ca.	= circa
Min.	= Minute(n)
Std.	= Stunde(n)

Die **Kalorienangaben** beziehen sich immer auf **1 Portion.**
Alle Gerichte sind für **2 Personen** berechnet.

BLATTSALATE

Blattsalate werden nur kurz in kaltem Wasser gewaschen, danach in einem Sieb trockengeschüttelt.
Damit der Salat knackig frisch schmeckt, sollte er erst unmittelbar vor dem Servieren mit der Marinade angerichtet werden.

Romanasalat mit Champignons

- Zubereitungszeit: ca. 1/4 Std.
- ca. 560 kcal je Portion
- Dazu paßt Knoblauchbrot

1/2 Romanasalat
1/2 Bund Brunnenkresse
100 g Champignons
Zitronensaft
1 kleine Zwiebel
4 EL Rotweinessig
Salz
frisch gemahlener Pfeffer
1/2 TL Majoran
5 EL Olivenöl

1. Den Romanasalat vierteln und in schmale Streifen schneiden. Die Brunnenkresse von den Stengeln zupfen und zum Romanasalat geben.

2. Die Champignons mit einem feuchten Tuch abreiben, blättrig schneiden und sofort mit Zitronensaft beträufeln. Die Zwiebel fein hacken und mit den Champignons unter die übrigen Salatzutaten mischen.

3. Aus Essig, Salz, Pfeffer, Majoran und Olivenöl eine cremige Marinade rühren, über die Zutaten gießen und gut mischen.

Tip:
Um eine perfekte Vinaigrette zu erhalten, verrühren Sie Salz, Zucker nach Belieben und Essig so lange mit dem Schneebesen, bis sich alles gelöst hat. Dann rühren Sie in kleinen Portionen das Öl dazu, bis eine cremige Sauce entsteht.

SCHNELL
FRISCH

Frühjahrssalat

- Zubereitungszeit: ca. 10 Min.
- ca. 240 kcal je Portion
- Dazu passen Laugenbrötchen

einige Blätter junger Kopfsalat
Wildkräuter (Brennessel, Löwenzahn, Sauerampfer)
1 Bund Radieschen
2 EL Schnittlauchröllchen
2 EL Obstessig
Salz
4–6 EL Olivenöl
frische gehackte Kräuter (Petersilie, Majoran, Basilikum, Thymian)
frisch gemahlener schwarzer oder weißer Pfeffer

1. Die Salatblätter in mundgerechte Stücke reißen, die Wildkräuter fein hacken, alles vermischen und in einer großen Salatschüssel anrichten.

2. Die Radieschen in Stifte schneiden und mit dem Schnittlauch vermischen. Beides über die Salatblätter verteilen.

3. Den Essig mit dem Salz verrühren, das Öl dazugießen und alles gut miteinander vermischen. Mit den gehackten Kräutern und dem Pfeffer würzen. Die Sauce über den Salat verteilen.

Blattsalate mit Scampi

- Zubereitungszeit: ca. 20 Min.
- Zeit zum Wässern: ca. 20 Min.
- ca. 490 kcal je Portion
- Dazu paßt französisches Weißbrot

½ Kopf Friséesalat
½ Kopf Eichblattsalat
1 kleiner Kopf Radicchiosalat
125 g Kalbsbries
Salz, frisch gemahlener Pfeffer
2 EL Butter
4 Scampi oder Riesenkrevetten
80 g gekochte Prinzeßbohnen
80 g Champignons
1 EL gehackte Schalotten
1 EL gehacktes Basilikum
2 EL Himbeeressig
3 EL Distelöl

1. Die Salate in mundgerechte Stücke reißen.

2. Das Kalbsbries wässern, häuten, in Scheiben schneiden, mit Salz und Pfeffer würzen, in Butter etwa 10 Minuten rundherum braten.

3. Die Scampi oder Riesenkrevetten aus der Schale lösen, mit Salz und Pfeffer würzen, zum Kalbsbries in die Pfanne geben und kurz mitbraten.

4. Für das Dressing die Schalotten mit dem Basilikum, dem Essig und den Gewürzen in eine Schüssel geben, mit Öl beträufeln.

5. Die Bohnen in 4–5 cm lange Stücke brechen, die Champignons blättrig schneiden und beides mit den Blattsalaten in das Dressing geben und gut mischen.

6. Den Salat auf 2 Tellern anrichten, die Scampi und das Kalbsbries daraufsetzen und mit Dressing übergießen.

Kressesalat mit Lachs

- Zubereitungszeit: ca. 1/4 Std.
- ca. 270 kcal je Portion
- Dazu paßt Baguette

250–300 g großblättrige Kresse (Kapuzinerkresse)
100 g Räucherlachs
2 schwarze Oliven
2 EL Zitronensaft
2 EL süße Sahne
2 EL Crème fraîche
2 EL Worcestersauce
2 EL feingehackter Dill
schwarzer Pfeffer
Salz

1. Die Kresseblätter gut waschen und abtropfen lassen. Den Lachs in feine Streifen schneiden. Die Oliven entkernen und fein hacken.

2. Den Zitronensaft mit der Sahne, der Crème fraîche und der Worcestersauce mit einem kleinen Schneebesen gut verrühren.

3. Dann den Dill, den Pfeffer und etwas Salz hineinrühren und die Sauce abschmecken.

4. Die Kresse in einer Schale anrichten und die Sauce darübergießen. Zuletzt die Lachsstreifen darüber verteilen und den Salat mit den feingehackten Oliven garnieren.
(auf dem Foto oben)

Radicchiosalat mit Wildkräutern

- Zubereitungszeit: ca. 1/4 Std.
- ca. 390 kcal je Portion
- Dazu paßt Vollkornbrot

1 Kopf Radicchio
100 g Wildkräuter (Löwenzahn, Sauerampfer, Brennessel, Brunnenkresse)
125 g Emmentaler
1 roter Apfel
1 EL Zitronensaft
5 EL Weizenkeimlinge
2 Eier
1 EL mittelscharfer Senf
2 EL Apfelessig
4 EL kaltgepreßtes Maiskeimöl
3 EL Crème fraîche
2 TL Honig
1/2 Knoblauchzehe
wenig Meersalz
frisch gemahlener Pfeffer

1. Den Radicchio in mundgerechte Stücke teilen, die Wildkräuter kleinzupfen.

2. Den Emmentaler in schmale Streifen schneiden. Den Apfel vierteln, entkernen und die Viertel in dünne Scheiben schneiden. Mit Zitronensaft beträufeln und alles auf 2 Tellern anrichten.

3. Die Weizenkeimlinge kalt abspülen, trockenschwenken und in die Mitte der Teller geben. Die Eier trennen. Den Senf mit dem Essig und den Eigelben verquirlen. Das Öl tropfenweise einrieseln lassen. Die Crème fraîche und den Honig hineinrühren. Den Knoblauch durch die Presse dazudrücken. Die Sauce mit Salz und Pfeffer abschmecken und dazugeben.
(auf dem Foto unten)

SCHNELL · **PIKANT**

SCHNELL · **AROMATISCH**

Chicoreé-Radicchio-Salat mit Thunfisch

- Zubereitungszeit: ca. 10 Min.
- ca. 440 kcal je Portion
- Dazu paßt kräftiges Graubrot

200 g Chicorée
300 g Radicchio
200 g Thunfisch
1 feingehackte Schalotte
2 EL Olivenöl
1 EL Sherryessig
Salz
frisch gemahlener Pfeffer

1. Den Chicorée und den Radicchio in mundgerechte Stücke zerzupfen.

2. Aus Schalotte, Öl, Essig, Salz und Pfeffer eine Salatsauce zubereiten.

3. Den Salat mit dem Thunfisch auf 2 Tellern anrichten und die Salatsauce gleichmäßig darüber verteilen.

Spinatsalat mit roten Zwiebeln

- Zubereitungszeit: ca. 10 Min.
- ca. 220 kcal je Portion
- Dazu paßt Rührei

200 g junger Spinat
4 kleine rote Zwiebeln
3 EL Olivenöl
2 EL Rotweinessig
Salz
frisch gemahlener Pfeffer

1. Den Spinat verlesen und auf 2 Tellern verteilen.

2. Die Zwiebeln in dünne Ringe schneiden und über den Spinat verteilen. Aus den restlichen Zutaten eine Salatsauce rühren. Den Spinatsalat mit der Sauce beträufeln.

Blattsalate mit Gänsebrust

- Zubereitungszeit: ca. 1/4 Std.
- ca. 800 kcal je Portion
- Dazu paßt Baguette

1 Staude Chicorée
1 kleiner Kopf Radicchiosalat
50 g Feldsalat
125 g geräucherte Gänsebrust
4 EL Nußöl
100 g gemischte Nüsse
1 TL mittelscharfer Senf
1 gehackte Schalotte
1 EL Sherryessig
frisch gemahlener Pfeffer
1 Prise Salz

1. Die Salate in mundgerechte Stücke reißen. Die Nüsse in einer Pfanne mit etwas Öl anschwitzen, den Gänseschinken in dünne Scheiben schneiden.

2. Aus den übrigen Zutaten eine Marinade rühren, mit den Salaten mischen, auf 2 Tellern anrichten, mit dem Fleisch und den Nüssen garnieren.

Buntes Salatnest

- Zubereitungszeit: ca. 20 Min.
- ca. 250 kcal je Portion
- Paßt zu Nudelgerichten

1/4 Kopf Lollo Rosso
1/4 Kopf Eichblattsalat
Saft von 1/2 Zitrone
einige Tropfen Olivenöl
Salz
frisch gemahlener Pfeffer
100 g Joghurt
1/2 rote Gemüsezwiebel
1/2 gelbe Paprikaschote
1/2 Bund Radieschen
2 EL Schnittlauchröllchen

1. Den Blattsalat in mundgerechte Stücke teilen, auf 2 Tellern anrichten. Mit etwas Zitronensaft und Öl beträufeln und mit Salz und Pfeffer bestreuen.

2. Den Joghurt, den Zitronensaft und etwas Pfeffer verrühren. Mit Salz abschmecken.

3. Die Gemüse fein schneiden und mit den Schnittlauchröllchen und der Sauce mischen, auf dem Blattsalat anrichten.

Chicorée-Lollo-Rosso-Salat

- Zubereitungszeit: ca. 1/4 Std.
- ca. 250 kcal je Portion
- Paßt zu kurzgebratenem Fleisch

1 Staude Chicorée
1/2 Kopf Lollo Rosso
einige Blätter Nußsalat
2 Schalotten
2 EL Weinessig
4 EL Olivenöl
Salz, frisch gemahlener Pfeffer

1. Die Chicoréestaude halbieren, den bitteren Kern herauslösen, die Blätter in Streifen schneiden und den Lollo Rosso in mundgerechte Stücke zerteilen, beides auf 2 Tellern anrichten.

2. Die Schalotten fein hacken. Den Essig mit dem Öl verquirlen, mit Salz und Pfeffer würzen und die Schalotten dazugeben. Die Sauce über dem Salat verteilen.

Radicchio mit Paprika und roten Zwiebeln

- Zubereitungszeit: ca. 1/4 Std.
- ca. 280 kcal je Portion
- Paßt zu Geschnetzeltem

2 kleine Köpfe Radicchio
1 grüne Paprikaschote
1 rote Zwiebel
2 EL Weinessig
4 EL Olivenöl
1/2 TL Senf
Salz
Zucker
frisch gemahlener Pfeffer
einige Petersilienblätter

1. Die Außenblätter vom Radicchio lösen, die übrigen in Streifen schneiden.

2. Die Paprikaschote halbieren und in Streifen, die Zwiebel in feine Scheiben schneiden. Mit den Radicchiostreifen mischen.

3. Essig mit Öl und Senf verrühren, mit Salz, Zucker und Pfeffer würzen, die Marinade unter den Salat mischen.

4. Die ganzen Radicchioblätter auf 2 Tellern anrichten, den Salat darauf anrichten und mit Petersilienblättchen garnieren.

Feldsalat mit Tomatensauce

- Zubereitungszeit: ca. 1 1/4 Std.
- Kühlzeit: ca. 1/2 Std.
- ca. 260 kcal je Portion
- Dazu paßt Baguette

200 g Fleischtomaten
1 Zwiebel
1 Knoblauchzehe
2 EL Olivenöl
1 TL Tomatenmark
1 TL getrockneter Thymian
1 TL getrockneter Oregano
1 Lorbeerblatt
1 Prise Zucker
Salz
frisch gemahlener Pfeffer
125 g Feldsalat
1 Chicoréestaude
50 g Pecorino am Stück

1. Die Tomaten brühen, enthäuten, entkernen und das Fruchtfleisch in Würfel schneiden. Die Zwiebel und die Knoblauchzehe fein hacken.

2. Das Öl erhitzen. Die Zwiebel und den Knoblauch darin glasig werden lassen, Tomatenwürfel, Tomatenmark, Kräuter, Lorbeerblatt, Zucker, Salz und Pfeffer hinzufügen. Alles gut verrühren und etwa 1 Stunde bei mittlerer Hitze köcheln lassen.

3. Die Tomatensauce abschmecken und durch ein Sieb streichen. Abkühlen lassen.

4. Den Feldsalat verlesen, vom Chicorée die äußeren Blätter und den Strunk entfernen. Die Blätter sternförmig auf 2 Tellern anrichten. In die Mitte den Feldsalat geben und löffelweise die Tomatensauce darüberträufeln. Mit frisch gehobeltem Pecorino bestreuen.
(auf dem Foto oben)

Eisbergsalat mit Melone

- Zubereitungszeit: ca. 1/4 Std.
- ca. 210 kcal je Portion
- Paßt zu Pizza

1/2 Honigmelone
1/2 Kopf Eisbergsalat
1 kleiner Zucchino
10 grob gehackte Mandeln
1 EL Essig
2 EL Öl
1/2 TL Salz
1 Prise Zucker
frisch gemahlener Pfeffer
1/2 Bund Petersilie

1. Die Melone entkernen und das Fruchtfleisch in Würfel schneiden. Den Eisbergsalat in mundgerechte Stücke reißen oder schneiden. Den Zucchino fein würfeln. Alles mit den gehackten Mandeln mischen.

2. Den Essig mit Öl, Salz, Zucker und Pfeffer verrühren und unter den Salat heben.

3. Die Petersilie fein hacken und über den Salat streuen.
(auf dem Foto unten)

BRAUCHT ZEIT · **AROMATISCH**

SCHNELL · **KNACKIG**

Römischer Salat mit Sprossen

- Zubereitungszeit: ca. 1/2 Std.
- ca. 330 kcal je Portion
- Dazu passen Rösti

125 g magerer Speck
2 EL Rotweinessig
2 EL kaltgepreßtes Olivenöl
wenig Meersalz
frisch gemahlener Pfeffer
1 Scheibe Vollkorntoastbrot
20 g Butter
3 schwarze Oliven
1/2 Kopf Römischer Salat
3 EL Rettich- oder Radieschensprossen
3 EL Senfsprossen
3 EL Alfalfasprossen
1/2 Bund Petersilie

1. Den Speck fein würfeln und in einer Pfanne auslassen. Mit dem Rotweinessig ablöschen und den Speck in eine Schüssel füllen. Das Öl hineinrühren und die Sauce mit Salz und Pfeffer abschmecken.

2. Das Toastbrot würfeln und in heißer Butter goldbraun braten. Die Oliven entsteinen und grob hacken. Den Römischen Salat in mundgerechte Stücke zupfen.

3. Die Sprossen abspülen und abtropfen lassen. Die Petersilie kleinhacken. Die Salatzutaten mit der Sauce mischen und mit der Petersilie bestreuen.

Tip:
Falls Sie die angegebenen Sprossenarten nicht bekommen, können Sie auch andere Sorten oder Sprossen aus dem Glas verwenden.

Eichblattsalat mit Buchweizensprossen

- Zubereitungszeit: ca. 1/2 Std.
- ca. 270 kcal je Portion
- Dazu passen Kartoffel-Zucchini-Puffer

3 EL Olivenöl
1 EL Sherryessig
1 Prise Zucker
1 Prise Salz
frisch gemahlener Pfeffer
4 EL Buchweizensprossen
300 g Austernpilze
1 Knoblauchzehe
Pflanzenöl zum Braten
1/2 Kopf Eichblattsalat
1/2 Bund Kerbel

1. Das Olivenöl mit Essig, Salz, Zucker und Pfeffer verrühren. Die Buchweizensprossen etwa 1/2 Stunde in der Marinade ziehen lassen.

2. Die Austernpilze halbieren oder vierteln. Den Knoblauch durch eine Presse drücken. Das Öl erhitzen und die Pilze portionsweise mit dem Knoblauch, Salz und Pfeffer goldbraun braten.

3. Den Eichblattsalat in mundgerechte Stücke zerreißen, mit den marinierten Buchweizensprossen mischen und auf 2 Tellern anrichten. Die Austernpilze darauf verteilen. Den Kerbel hacken und über den Salat streuen. Noch etwas Marinade darüberträufeln.

Levantinischer Salat

- Zubereitungszeit: ca. 20 Min.
- ca. 350 kcal je Portion
- Dazu paßt Kebab

1/2 Kopf Eisbergsalat
125 g Staudensellerie
1/2 Galia-Melone
1/2 Avocado
2 Frühlingszwiebeln
50 g Crème fraîche
1 EL Tomatenketchup
1 EL Sherryessig
1 EL Distelöl
Salz
Zucker
frisch gemahlener Pfeffer

1. Den Eisbergsalat kleinschneiden. Den Staudensellerie in Stangen zerlegen, harte Fäden abziehen und schräg in nicht zu feine Streifen schneiden.

2. Aus der Melone die Kerne herausschaben und aus dem Fruchtfleisch mit einem Kugelausstecher Kugeln ausschneiden. Die Avocado schälen und in Scheiben schneiden.

3. Das Grün der Frühlingszwiebeln in Ringe, das Weiß in Scheiben schneiden.

4. Crème fraîche mit Tomatenketchup, Essig und Öl verrühren und mit Salz, Zucker und Pfeffer würzen.

5. Den Sellerie, den Eisbergsalat und die Melonenkugeln locker mischen und auf 2 Tellern anrichten. Die Zwiebelröllchen darüberstreuen und die Sauce darüber verteilen.
(auf dem Foto oben)

Bunter Herbstsalat mit Kiwis

- Zubereitungszeit: ca. 3/4 Std.
- ca. 330 kcal je Portion
- Dazu schmeckt Vollkornbrot mit Butter

200 g möglichst kleine rote Bete
2 Kiwis
2 EL Apfelessig
1/2 TL scharfer Senf
Salz
frisch gemahlener Pfeffer
4 EL Öl
1 Schalotte
1/2 Bund Schnittlauch
40 g Feldsalat
25 g Walnußkerne

1. Die roten Beten knapp mit Salzwasser bedeckt 1/2 Stunde garen, abschrecken, abtropfen lassen und vorsichtig enthäuten und vierteln. Die Kiwis in Scheiben schneiden.

2. Den Essig mit Senf, Salz und Pfeffer verrühren und das Öl in feinem Strahl kräftig mit dem Schneebesen unterrühren.

3. Die Schalotte und den Schnittlauch fein schneiden. Beides in die Salatsauce geben.

4. Den Feldsalat in der Marinade wenden und auf 2 Tellern verteilen. Um den Feldsalat die Kiwischeiben und darauf die roten Beten anrichten und mit der restlichen Sauce beträufeln. Mit einigen Walnußkernen garnieren.
(auf dem Foto unten)

SCHNELL · **FRISCH**

BRAUCHT ZEIT · **FRUCHTIG-HERB**

Chicoréesalat mit Mango

- Zubereitungszeit: ca. 1/4 Std.
- ca. 210 kcal je Portion
- Paßt zu Grillhähnchen

2 Chicoréestauden
1/2 Mango
2 EL Apfelessig
1 Prise Cayennepfeffer
1 Prise Salz, 2 EL Walnußöl
2 EL grobgehackte Walnüsse

1. Vom Chicorée die äußeren Blätter entfernen und den bitteren Strunk herausschneiden. Die Staude in schmale Streifen schneiden.

2. Die Mango in kleine Würfel oder Stücke schneiden und mit dem Chicorée mischen.

3. Essig mit Pfeffer, Salz und Öl verrühren. Das Dressing über den Salat geben und die Walnußstückchen darüberstreuen.
(auf dem Foto: oben)

Löwenzahnsalat

- Zubereitungszeit: ca. 1/4 Std.
- ca. 270 kcal je Portion
- Dazu paßt Dinkelbrot

150 g junge Löwenzahnblätter
2 Radieschen
2 EL Cashewkerne
1/2 TL Kräutersenf
2 EL Kräuteressig
1/2 TL Honig, 2 EL Walnußöl
Salz, frisch gemahlener Pfeffer
1 Prise gemahlene Muskatblüte

1. Die Löwenzahnblätter in grobe Stücke reißen. Die Radieschen stifteln, mit den Cashewkernen und dem Löwenzahn mischen.

2. Den Senf mit Essig und Honig verrühren und langsam das Öl zugeben. Mit Salz, Pfeffer und Muskat abschmecken.

3. Den Salat mit dem Dressing mischen und anrichten, mit Cashewkernen garnieren.
(auf dem Foto: Mitte)

Endiviensalat

- Zubereitungszeit: ca. 1/4 Std.
- ca. 490 kcal je Portion
- Paßt zu Folienkartoffeln

1 Kopf Endiviensalat
100 g magerer, roher Schinken
2 hartgekochte Eier
4–6 schwarze Oliven
1 Zwiebel, 1/2 TL Senf
Saft von 1 Zitrone
4 EL Olivenöl
Salz, frisch gemahlener Pfeffer
4 EL frisch gehackte Kräuter
2 EL Cashewkerne

1. Den Endiviensalat in grobe Stücke teilen. Den Schinken in 1 cm große Stücke schneiden, die Eier schälen und würfeln.

2. Die Oliven entkernen und längs in feine Streifen schneiden. Die Zwiebel fein hacken.

3. Den Senf mit dem Zitronensaft verrühren und das Öl dazugeben. Die Kräuter hineinrühren, mit Salz und Pfeffer abschmecken und das Dressing mit dem Salat mischen.

4. Zuletzt die Cashewkerne über den Salat verteilen.
(auf dem Foto: unten)

SCHNELL · FRUCHTIG / SCHNELL · SÜSS-SAUER

SCHNELL · HERZHAFT

Feldsalat mit Papaya

- Zubereitungszeit: ca. 20 Min.
- ca. 170 kcal je Portion
- Paßt zu Filetsteak

100 g Sauerrahm
2 EL Orangensaft
2 EL Zitronensaft
1 EL Sonnenblumenöl
1 TL abgeriebene Schale von
1 unbehandelten Zitrone
1 Prise Zucker
Salz
frisch gemahlener Pfeffer
1/2 Papaya
2 gehäufte EL Kürbissprossen
100 g Feldsalat

1. Den Sauerrahm mit den Fruchtsäften, dem Sonnenblumenöl und der Zitronenschale glattrühren und mit Zucker, Salz und Pfeffer abschmecken.

2. Die Papaya halbieren, entkernen, schälen und in Scheiben schneiden. Die Kürbissprossen zusammen mit dem Feldsalat und der Papaya anrichten. Die Salatsauce darübergießen.

Tip:
Um die Kürbissprossen für diesen Salat selbst anzusetzen, brauchen Sie etwa 1 Eßlöffel Kerne. Die Keimdauer beträgt 3 Tage.

Eisbergsalat mit Sherrysauce

- Zubereitungszeit: ca. 1/4 Std.
- ca. 310 kcal je Portion
- Paßt zu Putenschnitzel

1/2 Kopf Eisbergsalat
5 EL Mayonnaise
5 EL Joghurt
1/2 unbehandelte Orange
2 cl trockener Sherry
Salz
frisch gemahlener Pfeffer
1 EL Mandelblättchen
1 TL Basilikumblätter

1. Die Salatblätter vom Strunk befreien, große Außenblätter entfernen, den Salat in mundgerechte Stücke reißen.

2. Die Mayonnaise mit dem Joghurt verrühren. Die Orange dünn schälen und die Schale in feine Streifen schneiden.

3. Den Saft mit dem Sherry unter die Mayonnaise rühren und die Sauce mit Salz und Pfeffer würzen.

4. Die Mandelblättchen in einer beschichteten Pfanne rösten, die Basilikumblätter kleinschneiden.

5. Den Salat auf einer Platte anrichten, Orangenstreifen, Mandelblättchen und Basilikumblätter darüber verteilen und die Sauce gesondert dazu servieren.

GEMÜSE-SALATE

Für diese Salate wird hartes Gemüse bißfest gekocht. Das kleingeschnittene Gemüse kann schon einige Zeit vor dem Servieren mit der Sauce vermischt werden. Nur Gurken- und Tomatensalate sollten unmittelbar vor dem Servieren angerichtet werden, da sie sonst Wasser ziehen.

Blumenkohl-Brokkoli-Salat

- Zubereitungszeit: ca. 1/2 Std.
- ca. 320 kcal je Portion
- Dazu paßt Schwarzbrot

200 g Blumenkohl
200 g Brokkoli
Salz
2 Frühlingszwiebeln
1 gekochtes Ei
2 EL Apfelessig
4 EL Olivenöl
1 Prise Zucker
frisch gemahlener Pfeffer
1 EL Schnittlauchröllchen
frisch geriebener Ingwer

1. Blumenkohl und Brokkoli in kleine Röschen teilen und in Salzwasser in 1/4 Stunde bißfest kochen. Auskühlen lassen.

2. Die Frühlingszwiebeln in sehr dünne Streifen schneiden, das Ei schälen und hacken.

3. Den Essig mit Öl, Zucker, Salz und Pfeffer verschlagen und das Gemüse vorsichtig darunterheben.

4. Vor dem Servieren das Ei, den Schnittlauch und den Ingwer darüberstreuen.

Tip:
Wenn Sie Blumenkohl aus Freilandanbau – vielleicht sogar aus dem eigenen Garten – verwenden, sollten Sie das Gemüse vor der Zubereitung für einige Minuten in Salzwasser legen, um eventuelle unliebsame »Gäste« zum Auswandern zu bewegen.

Variation:
Mit Mayonnaise angemacht und um einige Schinkenwürfel ergänzt, wird aus diesem Salat eine vollwertige kleine Mahlzeit.

SCHNELL
HERZHAFT

Rinderschinken-Brokkoli-Salat mit Sesam

- Zubereitungszeit: ca. 1/2 Std.
- ca. 510 kcal je Portion
- Dazu paßt Schwarzbrot

600 g Brokkoli
Salz
250 g Kirschtomaten
300 g Rinderschinken
4 EL Rotweinessig
frisch gemahlener Pfeffer
6 EL Sojaöl
4 EL Sesamkörner

1. Den Brokkoli in Röschen teilen und in kochendem Salzwasser in 1/4 Stunde bißfest garen. Abschrecken und gut abtropfen lassen.

2. Die Tomaten vierteln und zum Brokkoli geben. Den Rinderschinken in schmale Streifen schneiden und hinzufügen.

3. Aus Essig, Salz, Pfeffer und Öl eine cremige Marinade rühren. Über den Salat geben und gut mischen.

4. Die Sesamkörner goldbraun rösten und über den Salat streuen.

Variation:
Die Sesamkörner kann man auch durch Pinienkerne ersetzen.

Zwiebelsalat mit Avocadosauce

- Zubereitungszeit: ca. 20 Min.
- ca. 240 kcal je Portion
- Paßt zu gegrilltem Lendensteak

350 g Gemüsezwiebel
je 2 EL gehackter Schnittlauch und gehackte Petersilie
1 Kästchen Kresse
1/2 reife Avocado
Saft von 1/2 Zitrone
Meersalz
frisch gemahlener Pfeffer
1 Msp. Cayennepfeffer
2 EL Pflanzenöl

1. Die Gemüsezwiebel fein würfeln, in sprudelndem Salzwasser zwei Minuten garen, in ein Sieb abgießen und abkühlen lassen. Die Kräuter zu der Zwiebel geben. Die Kresse über der Schüssel abschneiden.

2. Die Avocado längs halbieren und den Kern herauslösen, das Fruchtfleisch mit einer Gabel zerquetschen, mit Zitronensaft beträufeln und mit Salz, Pfeffer und Cayennepfeffer abschmekken. Das Öl darunterrühren.

3. Die Avocadosauce über den Zwiebelsalat geben, gut mischen und den Salat noch 10 Minuten ziehen lassen.

Paprika-Zwiebel-Salat

- Zubereitungszeit: ca. 1/4 Std.
- ca. 250 kcal je Portion
- Dazu paßt Vollkornbrot

1/2 Kopf Eichblattsalat
Saft von 1/2 Zitrone
2 EL Olivenöl
Salz
frisch gemahlener Pfeffer
1/2 Gemüsezwiebel
je 1/2 rote und grüne Paprikaschote
1/2 Bund Radieschen
1/2 Bund Schnittlauch
2 EL Crème fraîche
75 g Joghurt
1 EL Essig

1. Den Blattsalat vorbereiten, auf 2 Tellern anrichten und mit Zitronensaft beträufeln. Mit Salz und Pfeffer würzen.

2. Das Gemüse in dünne Streifen bzw. Scheiben, den Schnittlauch in Röllchen schneiden und alles gut mischen.

3. Die Crème fraîche mit Joghurt und Essig verrühren und mit Salz und Pfeffer würzen.

4. Den Salat mit der Sauce marinieren und auf den Salatblättern anrichten.
(auf dem Foto oben)

Tip:
Sie können statt der Gemüsezwiebel auch 2 Frühlingszwiebeln nehmen.

Tomatensalat mit Erbsenkeimlingen

- Zubereitungszeit: ca. 1/4 Std.
- Zeit zum Durchziehen: ca. 1/2 Std.
- ca. 280 kcal je Portion
- Dazu paßt Sonnenblumenbrot

1 EL Obstessig
2 EL kaltgepreßtes Sonnenblumenöl
Salz
frisch gemahlener Pfeffer
1 EL frisch gehacktes Basilikum
150 g Erbsenkeimlinge
1 kleine rote Zwiebel
1/2 rote Paprikaschote
1/2 grüne Paprikaschote
70 g TK-Maiskörner
2 kleine Tomaten
einige Basilikumblätter

1. Den Essig mit dem Öl verschlagen und mit Salz, Pfeffer und Basilikum kräftig abschmecken.

2. Die Erbsenkeimlinge etwa 1 Minute in kochendem Wasser garen, abschrecken und zur Marinade geben. Etwa 1/2 Stunde durchziehen lassen.

3. Die Zwiebel in Ringe, die Paprikaschoten in sehr feine Streifen schneiden und zusammen mit der Zwiebel und dem Mais unter den Salat mischen.

4. Die Tomaten achteln. Den Salat nochmals abschmecken, auf 2 Tellern anrichten und mit den Tomatenachteln und den Basilikumblättern garnieren.
(auf dem Foto unten)

SCHNELL · KNACKIG

SCHNELL · VOLLWERTIG

Rettichsalat

- Zubereitungszeit: ca. 1/4 Std.
- ca. 140 kcal je Portion
- Dazu paßt abgebräunter Leberkäse

250 g Rettich, grob geraspelt
100 g Erdbeeren, geviertelt
1 kleiner Apfel in Scheiben
2 TL Zitronensaft
1 Prise Salz
1 Prise Zucker
1 Prise Cayennepfeffer
2 TL Öl
kleine Blättchen Zitronenmelisse

1. Den Rettich, die Erdbeeren und den Apfel locker mischen und auf 2 Tellern anrichten.

2. Den Zitronensaft mit Salz, Zucker oder Süßstoff, Pfeffer und Öl zu einer Marinade rühren und über den Salat träufeln. Mit der Zitronenmelisse garnieren.
(auf dem Foto: oben)

Karottenrohkost mit Meerrettich

- Zubereitungszeit: ca. 1/4 Std.
- ca. 140 kcal je Portion
- Dazu paßt Vollkornbrot

6 Karotten
4 TL frisch geriebener Meerrettich
2 TL Senf
2 TL Öl
2 EL Kräuteressig
1 Prise Salz
1 Prise Zucker
100 g Vollmilchjoghurt
2 TL Schnittlauchröllchen

1. Die Karotten fein raspeln und mit dem Meerrettich mischen. Aus Senf, Öl, Essig, Salz, Zucker und Joghurt eine Marinade rühren und diese über die Karotten geben.

2. Den Salat mischen und mit dem Schnittlauch bestreut servieren.
(auf dem Foto: Mitte)

Südtiroler Herbstsalat

- Zubereitungszeit: ca. 1/4 Std.
- ca. 230 kcal je Portion
- Dazu paßt Südtiroler Schüttelbrot

200 g Stangensellerie in Scheiben
100 g blaue Weintrauben, halbiert und entkernt
40 g gehobelte Haselnüsse
1 EL gehackter Dill
1 EL Zitronensaft
1 Prise Salz
1 Prise Zucker
100 g Magermilchjoghurt
2 Dillzweige

1. Den Sellerie mit den Weintrauben, den Haselnüssen und dem Dill mischen.

2. Aus Zitronensaft, Salz, Zucker und Joghurt eine Salatsauce herstellen, diese mit dem Salat mischen und alles gut durchziehen lassen.

3. Den Salat auf 2 Tellern anrichten und mit den Dillzweigen garnieren.
(auf dem Foto: unten)

SCHNELL • BAYERISCH / SCHNELL • FRISCH

SCHNELL • AROMATISCH

Spargelsalat mit Champignons

- Zubereitungszeit: ca. 40 Min.
- ca. 250 kcal je Portion
- Dazu passen Prager Schinken und Weißbrot

250 g grüner Spargel
250 g weißer Spargel
1/2 EL Butter
1 Prise Zucker
Salz
100 g Champignons
1 kleine Schalotte
etwas Petersilie
3 EL Olivenöl
Balsamessig
wenig Pfeffer
1 EL rosa Pfefferkörner

1. Den Spargel sorgfältig schälen und die holzigen Enden kürzen, in kochendem Salzwasser mit Butter und Zucker etwa 1/4 Stunde gar ziehen lassen. Den Spargel herausnehmen und in gleichmäßige Stücke teilen.

2. Die Champignons in dünne Scheibchen schneiden. Die Schalotte sehr fein hacken. Die Petersilie fein hacken. Aus Öl, Essig, Salz, Pfeffer und der Schalotte eine Salatsauce zubereiten.

3. Die Champignons und den Spargel auf 2 Tellern anrichten. Die Salatsauce, die Pfefferkörner und die Petersilie darüber verteilen.

Grüner Spargelsalat

- Zubereitungszeit: ca. 40 Min.
- ca. 220 kcal je Portion
- Dazu paßt Baguette

300 g grüner Spargel
Salz
1 Prise Zucker
1 TL Butter
150 g geräucherte Putenbrust
180 g Kirschtomaten, geviertelt
1 EL Schnittlauchröllchen
2 EL Rotweinessig
frisch gemahlener weißer Pfeffer
1 TL scharfer Senf
4 EL Öl

1. Den Spargel vorsichtig schälen und die holzigen Enden kürzen, in kochendem Salzwasser mit Zucker und Butter 1/4 Stunde garen.

2. Die Putenbrust in schmale Streifen schneiden. Den Spargel herausnehmen, in 2 cm lange Stücke schneiden und mit den Tomatenvierteln und dem Schnittlauch zur Putenbrust geben.

3. Aus Essig, Pfeffer, Salz und Senf eine Marinade rühren, das Öl in einem dünnen Strahl mit dem Schneebesen kräftig darunterschlagen, bis eine cremige Sauce entsteht.

4. Den Spargelsalat auf 2 Tellern anrichten und mit der Sauce überziehen.

Frühlingssalat

- Zubereitungszeit: ca. 1/4 Std.
- ca. 130 kcal je Portion
- Dazu paßt Schwarzbrot mit Kräuterquark

60 g Radieschen in Scheiben
60 g Rettich in Scheiben
60 g Kohlrabi in Würfeln
60 g Gurke in Scheiben
60 g Zucchini in Scheiben
100 g Tomaten in Stücken
4 EL Öl
2 EL Essig oder Zitronensaft
1 Prise Zucker
1 EL Schnittlauch, fein geschnitten

1. Gemüse locker mischen.

2. Aus Öl, Essig und Zucker mit 1 bis 2 Eßlöffeln Wasser eine Salatsauce zubereiten und das Gemüse darin wenden.

3. Den Salat auf 2 Tellern anrichten und mit Schnittlauch bestreuen.

Gurkensalat

- Zubereitungszeit: ca. 1/4 Std.
- ca. 80 kcal je Portion
- Dazu passen Speckknödel

2–4 Salatblätter
300 g Gurke in Stiften oder Würfeln
100 g Joghurt
Zitronensaft oder Weißweinessig
1 Prise Salz
1 Prise weißer Pfeffer
4–6 EL gezupfte Kräuter (Estragon, Dill und Kerbel)

1. Eine Salatschale mit den Salatblättern auslegen und die Gurkenstücke darauf anrichten.

2. Joghurt mit Zitronensaft, Salz und Pfeffer kräftig verrühren und über die Gurken geben. Die Kräuter locker darüber verteilen.
(auf dem Foto: oben)

Karottensalat mit Stangensellerie

- Zubereitungszeit: ca. 20 Min.
- ca. 110 kcal je Portion
- Dazu passen Vollkornsemmeln

300 g Karotten in Scheiben
200 g Stangensellerie in Scheiben
2–4 EL Zitronensaft
1 Prise Salz
2 EL Schnittlauchröllchen
20 g gehackte oder geröstete Haselnüsse

1. Die Karotten und den Sellerie über Dampf in 5 bis 6 Minuten bißfest garen.

2. Noch warm mit Zitronensaft beträufeln und würzen. Mit Schnittlauch und Haselnüssen bestreuen.
(auf dem Foto: unten)

Zucchinisalat mit Champignons

- Zubereitungszeit: ca. 20 Min.
- ca. 150 kcal je Portion
- Dazu paßt Weißbrot

100 g Adzukibohnensprossen
250 g Zucchini
100 g Champignons
1/2 Bund Basilikum
2 EL Sherryessig
2 EL Walnußöl
1 EL Distelöl
Salz, Zucker
frisch gemahlener Pfeffer

1. Die Bohnensprossen 3 Minuten im sprudelnden Wasser kochen, abtropfen und auskühlen lassen.

2. Die Zucchini grob raspeln. Die Champignons mit einem feuchten Tuch abreiben und in dünne Scheiben schneiden.

3. Das Basilikum grob hacken. Einige Blätter zum Garnieren beiseite legen.

4. Aus dem Essig, dem Walnuß- und Distelöl, Salz, Zucker und Pfeffer eine Sauce rühren.

5. Alle Zutaten in eine Schüssel geben und vorsichtig mit der Sauce mischen. Den Salat auf 2 Tellern anrichten und mit dem restlichen Basilikum garnieren.
(auf dem Foto oben)

Fenchel-Zucchini-Salat

- Zubereitungszeit: ca. 1/4 Std.
- Marinierzeit: ca. 1/4 Std.
- ca. 240 kcal je Portion
- Dazu paßt Pizzabrot

1 Fenchelknolle
1 Zucchino
2 frische Datteln
1 EL Zitronensaft
1/2 TL Sojasauce
2 EL Sojaöl
Salz
frisch gemahlener weißer Pfeffer
1 Bund Petersilie

1. Das Fenchelgrün entfernen, die Fenchelknolle vierteln, quer in feine Streifen schneiden. Den Zucchino ganz fein hobeln.

2. Die Datteln entkernen und längs in schmale Streifen schneiden. Mit dem Fenchel und dem Zucchino mischen.

3. Aus Zitronensaft, Sojasauce, Sojaöl, Salz und Pfeffer eine Marinade rühren. Die Petersilie fein hacken und darunterziehen. Das Fenchelgrün kleinhacken und hinzufügen. Die Sauce gut unter den Salat mischen und 1/4 Stunde ziehen lassen.
(auf dem Foto unten)

SCHNELL · AROMATISCH

SCHNELL · KNACKIG

Pilzsalat mit Spinat

- Zubereitungszeit: ca. 1/4 Std.
- ca. 140 kcal je Portion
- Dazu passen Rühreier

60 g Spinatblätter
300 g feste Champignons oder Egerlinge
1 EL Zitronensaft
20 g Schalotten in feinen Ringen
2 EL Öl
1 EL Essig
1 TL Senf
1 Prise Salz
1 Prise Cayenne- oder Zitronenpfeffer
1 EL Schnittlauchröllchen

1. Die Spinatblätter auf 2 Tellern anrichten. Die Pilze blättrig schneiden, in Zitronensaft wenden und auf den Spinat legen.

2. Aus den übrigen Zutaten eine Sauce bereiten und über die Pilze und die Spinatblätter träufeln.

Tip:
Dieser Salat eignet sich sehr gut als Vorspeise zu einem Fisch- oder Kalbfleischgericht.

Avocado-Chicorée-Salat

- Zubereitungszeit: ca. 1/4 Std.
- ca. 230 kcal je Portion
- Paßt zu kurzgebratenem Fleisch

1 kleine Karotte
1 Staude Chicorée
1 Stange Staudensellerie
1 Camel Avocado
1 TL Zitronensaft
3 EL Sonnenblumenöl
1 EL Walnußöl
1 EL Himbeeressig
Salz
frisch gemahlener Pfeffer
15 g gehackte Walnüsse

1. Die Karotte schälen und mit einem Spargelschäler längs Streifen abziehen.

2. Die Chicoréeblätter quer halbieren. Den Staudensellerie in schräge Streifen schneiden.

3. Die Avocado längs vierteln, den Kern herauslösen, schälen, mit Zitronensaft beträufeln und in Scheiben schneiden.

4. Das Öl mit dem Essig verschlagen und mit Salz und Pfeffer würzen.

5. Den Salat auf 2 Tellern anrichten, die Sauce darüberträufeln und die Nüsse darüberstreuen.

Kohlrabi-Karotten-Salat

- Zubereitungszeit: ca. $^1/_4$ Std.
- ca. 100 kcal je Portion
- Dazu paßt Vollkornbrot mit Butter

200 g Kohlrabi in Streifen oder dünnen Scheiben
200 g Karotten in Streifen oder dünnen Scheiben
1 EL Essig
1 Prise Salz
1 Msp. Senf
1 Prise Zucker
2 EL Öl
2–4 EL Gemüsesud
4 EL Kerbelblättchen, gezupft

1. Den Kohlrabi und die Karotten über Wasserdampf 4 bis 6 Minuten garen. Auf 2 Tellern anrichten.

2. Essig, Salz, Senf, Zucker, Öl und Gemüsesud kräftig verrühren. Über das vorbereitete Gemüse träufeln. Die Kerbelblättchen darauf verteilen.
(auf dem Foto: oben)

Zuckerschoten-Kürbis-Salat

- Zubereitungszeit: ca. $^1/_4$ Std.
- ca. 210 kcal je Portion
- Dazu paßt Baguette

300 g Zuckerschoten
100 g eingelegter Kürbis
1 Prise Salz
1 Prise Pfeffer
100 g Sahne
2 EL Zitronensaft
1 Prise Zucker
$^1/_2$ TL abgeriebene Schale und 6–8 Streifen einer unbehandelten Zitrone

1. Die Zuckerschoten über Wasserdampf 5 bis 6 Minuten garen. Auf 2 Tellern mit den Kürbisstücken anrichten und mit Salz und Pfeffer würzen.

2. Die Sahne halbsteif schlagen. Mit Zitronensaft, Zucker und Zitronenschale abschmecken. Über das Gemüse geben und mit der Zitronenschale garnieren.
(auf dem Foto: unten)

SCHNELL · EXOTISCH

Rosenkohlsalat

- Zubereitungszeit: ca. 1/2 Std.
- ca. 300 kcal je Portion
- Paßt zu Wild

400 g Rosenkohl
Salz
2 Schalotten
75 g Lachsschinken in feinen Scheiben
2 EL Weißweinessig
3 EL Sonnenblumenöl
1 EL frisch geriebener Parmesan
frisch gemahlener Pfeffer
frisch geriebener Muskat
1 Bund glatte Petersilie

1. Den Rosenkohl knapp mit Salzwasser bedeckt je nach Größe der Röschen 15 bis 20 Minuten garen, abgießen und gut abtropfen lassen.

2. Die Schalotten in feine Ringe, den Lachsschinken in Streifen schneiden.

3. Den Essig mit Öl, Parmesan, Salz, Pfeffer und Muskat gründlich verrühren. Rosenkohl, Schalottenringe und Schinkenstreifen dazufügen und alles gut mischen.

4. Die Petersilie von den Stengeln zupfen. Den Salat auf 2 Tellern anrichten und mit der Petersilie garnieren.

Rote-Bete-Salat

- Zubereitungszeit: ca. $^3/_4$ Std.
- Zeit zum Durchziehen: ca. 1 Std.
- ca. 480 kcal je Portion
- Dazu passen heiße Würstchen

$^1/_2$ kg vorwiegend festkochende Kartoffeln
4 EL Sherryessig
Salz
frisch gemahlener Pfeffer
4 EL Sojaöl
1 säuerlicher Apfel (Boskop)
1 Glas kleine, eingelegte Rote-Bete-Kugeln (175 g Einwaage)
1 Gewürzgurke

1. Die Kartoffeln garen, abgießen, schälen und in Scheiben schneiden.

2. Essig mit Salz und Pfeffer verrühren, das Öl darunterschlagen. Die Marinade über die noch warmen Kartoffelscheiben gießen.

3. Den Apfel schälen, entkernen und würfeln. Die Rote-Bete-Kugeln abtropfen lassen und vierteln. Die Gewürzgurke in Scheiben schneiden.

4. Alle Zutaten vorsichtig mit den Kartoffeln mischen und den Salat etwa 1 Stunde durchziehen lassen.

Kartoffel-Bohnen-Salat

- Zubereitungszeit: ca. 3/4 Std.
- Zeit zum Durchziehen: ca. 1 Std.
- ca. 650 kcal je Portion
- Paßt zu Fleischkäse

400 g vorwiegend festkochende Kartoffeln
Salz
250 g grüne Bohnen
1 Bund Bohnenkraut
100 g Leerdamer Käse
50 g Walnußkerne
2 hartgekochte Eier
1 EL mittelscharfer Senf
3 EL Sherryessig
4 EL Walnußöl
frisch gemahlener Pfeffer

1. Die Kartoffeln in Salzwasser garen, schälen und in Scheiben schneiden.

2. Die Bohnen mit dem Bohnenkraut in Salzwasser etwa 20 Minuten garen, abgießen.

3. Den Käse würfeln, die Nüsse grob hacken. Alle bisherigen Zutaten mischen.

4. Die Eier schälen, das Eiweiß hacken und zu den Zutaten geben.

5. Die Eigelbe durch ein Sieb streichen. Senf, Essig und Öl darunterrühren, mit Salz und Pfeffer würzen. Die Creme unter die Zutaten heben und den Salat 1 Stunde durchziehen lassen.

Römischer Linsensalat

- Zubereitungszeit: ca. 1/4 Std.
- Zeit zum Durchziehen: ca. 2 Std.
- ca. 360 kcal je Portion
- Dazu paßt eine kräftige Wurst

200 g gekochte braune Linsen
60 g tiefgefrorene, grüne Erbsen
60 g Maiskörner, tiefgefroren oder aus der Dose
1 gewürfelte Zwiebel
1 ungeschälter, gewürfelter Apfel
3 EL Öl
2 EL Essig
2 EL Zitronensaft
1 Prise Salz
2 EL gehackte Petersilie

1. Die Linsen, die Erbsen und den Mais mit Zwiebel und Apfel mischen.

2. Mit Öl, Essig, Zitronensaft und Salz marinieren und 2 Stunden durchziehen lassen.

3. Auf 2 Tellern anrichten und mit Petersilie bestreuen.

Tip:
Salate aus gekochten Hülsenfrüchten können Sie 1 bis 2 Tage aufheben. Kräuter und Zwiebeln werden aber erst kurz vor dem Servieren hinzugefügt.

SATTMACHER-SALATE

Hier können ideal frische Zutaten mit Resten vom Vortag, zum Beispiel Reis oder Nudeln, gemischt werden. Frische Kräuter sollten immer erst kurz vor dem Servieren dazugegeben werden.

Bunter Reissalat

- Zubereitungszeit: ca. 20 Min.
- ca. 330 kcal je Portion
- Dazu paßt Baguette

250 g Reis, gekocht
100 g Corned beef
1 Paprikaschote
2 Tomaten
1 EL Mayonnaise
75 g Joghurt
1 TL Tomatenmark
1 EL Tomatensaft
Salz
Paprikapulver

1. Das Corned beef in Streifen schneiden. Die Paprikaschote und die Tomaten kleinschneiden. Mit dem Corned beef unter den Reis mischen.

2. Die Mayonnaise mit Joghurt, Tomatenmark und -saft verrühren und mit Salz und Paprikapulver kräftig abschmecken.

3. Die Salatzutaten mit der Sauce mischen und durchziehen lassen.

Tip:
Anstelle des Corned beefs läßt sich auch jedes andere gegarte Fleisch verwenden. Damit ist dieser Salat ideal zum Verwerten von Bratenresten.

SCHNELL
CREMIG

Bananen-Reis-Salat

- Zubereitungszeit: ca. 3/4 Std.
- ca. 690 kcal je Portion
- Dazu paßt ein Glas Fruchtsaft

125 g Natur-Langkornreis
200 g Hähnchenbrustfilets
20 g Butterschmalz
Currypulver
Paprikapulver edelsüß
1/2 säuerlicher Apfel
1/2 Banane in Scheiben
1 EL Orangensaft
Salz
frisch gemahlener weißer Pfeffer
2 EL Öl
25 g geröstete Mandelblättchen

1. Den Reis laut Packungsanleitung kochen.

2. Die Hähnchenbrustfilets in 10 g Butterschmalz rundum kräftig braten und mit Curry- und Paprikapulver würzen.

3. Den Apfel schälen, entkernen und in Stifte schneiden. Zusammen mit der Banane im restlichen Butterschmalz andünsten und mit Curry würzen.

4. Das Fleisch in Scheiben schneiden und mit dem Reis und dem Obst mischen.

5. Den Orangensaft mit Salz, Pfeffer und dem Öl verrühren und über die Reismischung geben. Die Mandelblättchen darauf streuen.

Reissalat mit Kassler

- Zubereitungszeit: ca. 3/4 Std.
- ca. 670 kcal je Portion
- Dazu paßt ein kühles Bier

125 g Langkornreis
Salz
100 g Kassler in dickeren Scheiben
1 EL Butter
1/2 kleine Salatgurke
1/2 grüne Paprikaschote
1 Tomate
2 EL Weißweinessig
3 EL Sojaöl
1 TL Currypulver
1 Msp. Chilipulver
1 Knoblauchzehe
50 g schwarze Oliven
1 EL abgezupfte Petersilie

1. Den Reis laut Packungsanleitung kochen.

2. Das Kassler in kleine Würfel schneiden und in der heißen Butter braten.

3. Die Gurke längs halbieren und in kleine Stücke schneiden. Die Paprikaschote entkernen und in schmale Streifen schneiden. Die Tomate achteln.

4. Essig mit Sojaöl verrühren, etwas Salz, Curry- und Chilipulver dazufügen. Den Knoblauch durch die Presse in die Sauce drücken.

5. Den Reis mit der Sauce mischen, 10 Minuten ziehen lassen. Dann das Kassler, die Gurke, die Paprikaschote und die Tomate darunterheben. Die Oliven und die Petersilienblätter darüberstreuen.

Mexikanischer Reissalat

- Zubereitungszeit: ca. 1/2 Std.
- ca. 570 kcal je Portion
- Dazu paßt Fladenbrot

2 Frühlingszwiebeln
2 EL Öl
100 g Langkornreis
200 ml Gemüsebrühe
1 rote Chilischote
100 g gemischtes Hackfleisch
Salz, frisch gemahlener Pfeffer
1/2 Avocado
150 g Magermilchjoghurt
1 EL Zitronensaft
125 g Kidneybohnen aus der Dose

1. Die Frühlingszwiebeln in feine Ringe schneiden. Die grünen beiseite stellen, die weißen in 1 Eßlöffel Öl anschwitzen. Den Reis einrühren und kurz mitschwitzen. Mit der Brühe ablöschen und alles zugedeckt etwa 20 Minuten bei schwacher Hitze garen. Eventuell etwas Brühe nachgießen.

2. Die Chilischote aufschlitzen, entkernen und in feine Ringe schneiden.

3. Das Hackfleisch im restlichen Öl anbraten und dabei grob zerpflücken. Die Chiliringe nach etwa 2 Minuten dazugeben. Mit Salz und Pfeffer würzen.

4. Die Avocado halbieren, den Stein entfernen, das Fruchtfleisch mit einem Löffel aus der Schale lösen und zusammen mit dem Joghurt und dem Zitronensaft pürieren. Die Sauce mit etwas Salz und Pfeffer mild abschmecken. Kalt stellen.

5. Die Bohnen abbrausen und abtropfen lassen. Mit dem Reis, den grünen Zwiebelringen und dem Hackfleisch vorsichtig mischen.

6. Den Salat anrichten und die Avocadosauce darübergeben.
(auf dem Foto: oben)

Italienischer Nudelsalat

- Zubereitungszeit: ca. 1/2 Std.
- Zeit zum Durchziehen: ca. 2 Std.
- ca. 520 kcal je Portion
- Dazu paßt ein Glas Weißwein

75 g grüne Bandnudeln
Salz
100 g gekochter Schinken in dünnen Scheiben
75 g Provolone (ital. Hartkäse)
1 EL Salatmayonnaise
50 g Gorgonzola
125 g Vollmilchjoghurt
frisch gemahlener Pfeffer
2 Zweige Basilikum

1. Die Bandnudeln in reichlich kochendem Salzwasser bißfest kochen, abgießen, abtropfen und abkühlen lassen.

2. Den Schinken und den Käse in Streifen schneiden. Die Mayonnaise mit dem Gorgonzola und dem Joghurt im Mixer aufschlagen, mit Salz und Pfeffer abschmecken.

3. Die Nudeln mit dem Schinken und dem Provolone mischen, die Gorgonzolasauce unterheben. Im Kühlschrank 2 Stunden durchziehen lassen.

4. Den Salat anrichten, die Basilikumblättchen abzupfen, in feine Streifen schneiden und darauf streuen.
(auf dem Foto: unten)

SCHNELL · MEDITERRAN

Nudelsalat »Banana Joe«

- Zubereitungszeit: ca. 1/2 Std.
- ca. 440 kcal je Portion
- Dazu paßt ein Glas Prosecco

75 g Hörnchennudeln
Salz
1 mittelgroße Banane
1 EL Zitronensaft
Currypulver
50 g Gouda
50 g gekochter Schinken
1 kleine Dose gemischtes Gemüse (Erbsen und Karotten)
75 g Joghurt
1 EL Mayonnaise
Salz
frisch gemahlener Pfeffer
1 EL gehackter Dill

1. Die Hörnchennudeln in reichlich Salzwasser bißfest kochen, dann abgießen und abschrecken, abtropfen und auskühlen lassen.

2. Die Banane schälen, in Scheiben schneiden, mit Zitronensaft beträufeln und mit Currypulver bepudern.

3. Den Gouda in kleine Würfel, den Schinken in Streifen schneiden. Das Gemüse abtropfen lassen, die Dosenflüssigkeit auffangen. Alle vorbereiteten Zutaten mischen.

4. Den Joghurt mit der Mayonnaise und etwas Dosenflüssigkeit verrühren und mit Salz und Pfeffer abschmecken. Den Dill dazugeben und die Sauce unter den Salat heben.

Bunter Nudelsalat

- Zubereitungszeit: ca. 1/4 Std.
- ca. 370 kcal je Portion
- Dazu paßt Stangenweißbrot

60 g gekochter Schinken
250 g gekochte Nudeln
1 kleine Dose Erbsen und Karotten
100 g Joghurt
2 EL saure Sahne
1 EL Olivenöl
1 EL Zitronensaft
Salz
frisch gemahlener Pfeffer
2 EL gehackte Petersilie

1. Den Schinken fein schneiden und mit den Nudeln mischen.

2. Das Gemüse abtropfen lassen und unter die Nudeln mischen.

3. Den Joghurt mit der sauren Sahne, dem Öl und dem Zitronensaft verrühren und mit Salz und Pfeffer würzen. Die Petersilie dazugeben und die Salatzutaten gut mischen.

Variation:

Nehmen Sie anstelle des Schinkens ein Stück kalten Braten vom Vortag.

Spaghetti-Gemüse-Salat

- Zubereitungszeit: ca. 1/2 Std.
- ca. 510 kcal je Portion
- Dazu paßt ein Glas Rotwein

75 g Spaghetti
150 g dicke Möhren
200 g Zucchini, Salz
50 g gekochter Schinken in dünnen Scheiben
1 Eigelb
frisch gemahlener weißer Pfeffer
1 Msp. gemahlener Ingwer
Saft und abgeriebene Schale von 1/2 unbehandelten Zitrone
2 EL Öl, 75 g Vollmilchjoghurt

1. Die Spaghetti zweimal durchbrechen und in reichlich Salzwasser bißfest kochen. Abgießen, abschrecken und abtropfen lassen.

2. Die Karotten und die Zucchini in dünne lange Stifte schneiden, in 2 Liter Salzwasser etwa 3 Minuten blanchieren, abgießen, gut abtropfen lassen und zu den Spaghetti geben.

3. Den Schinken in feine, lange Streifen schneiden und zu den Salatzutaten geben. Alles vorsichtig mischen.

4. Das Eigelb mit etwas Salz, Pfeffer, Ingwer, Zitronenschale und -saft in einem hohen Gefäß verrühren.

5. Das Öl erst tropfenweise, dann in einem dünnen Strahl einfließen lassen und kräftig darunterschlagen. Den Joghurt unter die Sauce rühren und würzig abschmecken.

6. Die Sauce über die Salatzutaten geben und alles vorsichtig mischen.
(auf dem Foto oben)

Kartoffelsalat Pfälzer Art

- Zubereitungszeit: ca. 40 Min.
- Zeit zum Durchziehen: ca. 1 Std.
- ca. 310 kcal je Portion
- Dazu passen Pfälzer Würstchen

250 g festkochende Kartoffeln
1/2 TL Kümmel
200 g grüne Bohnen
1/8 l Gemüsebrühe
100 g gekochtes Kassler am Stück
1 Bund Radieschen
2 Frühlingszwiebeln
2 EL Öl
1 EL Essig
Salz, frisch gemahlener Pfeffer
1/2 TL scharfer Senf

1. Die Kartoffeln mit dem Kümmel als Pellkartoffeln garen.

2. Inzwischen die Bohnen in Stücke brechen, in der kochenden Brühe in 5 bis 12 Minuten bißfest garen.

3. Inzwischen das Kassler würfeln, die Radieschen vierteln oder achteln.

4. Die Frühlingszwiebeln in feine Ringe schneiden. Die Bohnen abgießen, den Sud auffangen und ihn mit Öl, Essig, etwas Salz und Pfeffer sowie dem Senf verrühren. Die Bohnen mit der Salatsauce mischen.

5. Die Kartoffeln abgießen, abkühlen lassen, schälen und würfeln, zu den Bohnen geben. Das Kassler, die Radieschen und die Frühlingszwiebeln dazugeben. Alles mischen, abschmecken und zugedeckt ziehen lassen.
(auf dem Foto unten)

SCHNELL · **MEDITERRAN**

BRAUCHT ZEIT · **DEFTIG**

Salat mit Schillerlocken

- Zubereitungszeit: ca. 1/2 Std.
- Zeit zum Durchziehen: ca. 1 Std.
- ca. 330 kcal je Portion
- Dazu paßt Schwarzbrot

250 g festkochende Kartoffeln
1 Bund Dill
1/2 Salatgurke
100 g Schillerlocken
75 g Magermilchjoghurt
1 EL Salatmayonnaise
1–2 EL Zitronensaft
2 EL Olivenöl

1. Die Kartoffeln als Pellkartoffeln garen.

2. Inzwischen den Dill hacken. Die Gurke längs halbieren und die Kerne mit einem Löffel herauskratzen. Die Gurkenhälften in Scheiben schneiden.

3. Die Schillerlocken schräg in dünne Scheiben schneiden. Die Kartoffeln abgießen, schälen und in Scheiben schneiden.

4. Den Joghurt mit Mayonnaise, Zitronensaft, Olivenöl und Dill verrühren. Die vorbereiteten Zutaten daruntermischen und den Salat zugedeckt durchziehen lassen
(auf dem Foto: oben)

Lauchsalat mit Wienerle

- Zubereitungszeit: ca. 1/2 Std.
- ca. 480 kcal je Portion
- Dazu passen Mohnsemmeln

2 mittelgroße Stangen Lauch (ca. 400 g)
75 g durchwachsener Räucherspeck
2 EL Öl
Salz, frisch gemahlener Pfeffer
2 EL Weißweinessig
2 Wiener Würstchen

1. Den Lauch aufschlitzen, schräg in 1/2 cm breite Ringe schneiden.

2. Den Speck in kleine Würfel schneiden, in Öl ausbraten, bis er knusprig ist. Den Lauch und etwa 4 Eßlöffel Wasser dazugeben. Alles mit Salz und Pfeffer würzen, verrühren und zugedeckt 4 bis 5 Minuten dünsten.

3. Die Pfanne vom Herd ziehen und den Essig in die Lauchmischung rühren. Die Würstchen schräg in 1/2 cm breite Scheiben schneiden und daruntermischen. Den Salat abschmecken und zugedeckt ziehen lassen.
(auf dem Foto: unten)

SCHNELL · AROMATISCH

Salat »Niçoise«

- Zubereitungszeit: ca. 1/4 Std.
- ca. 360 kcal je Portion
- Dazu paßt französisches Weißbrot mit Knoblauchbutter

1/2 Kopfsalat
1 Zwiebel
1/2 Salatgurke
6 Radieschen
je 1/2 rote und grüne Paprikaschote
2 hartgekochte Eier
1 Dose Thunfisch (200 g)
4 Sardellenfilets
5 grüne, mit Paprika gefüllte Oliven
3 EL Olivenöl
1–2 EL Zitronensaft
Salz, frisch gemahlener Pfeffer
1 EL gehackte Petersilie

1. Den Kopfsalat mundgerecht zerzupfen, die Zwiebel, die Gurke und die Radieschen in Scheiben schneiden, die Paprikaschoten in Streifen schneiden.

2. Die Eier schälen und achteln, den Thunfisch und die Sardellenfilets abtropfen lassen und den Thunfisch zerpflücken. Alle Zutaten gründlich mischen.

3. Aus den restlichen Zutaten bis auf die Petersilie eine Salatsauce rühren und unter den Salat mischen, einige Zeit ziehen lassen und mit Petersilie bestreuen.

Italienische Salatplatte

- Zubereitungszeit: ca. 1/2 Std.
- ca. 590 kcal je Portion
- Dazu paßt Pizzabrot

2 Tomaten
1 Zwiebel
1 rote Paprikaschote
1 kleiner Zucchino
50 g Mozzarella
75 ml Weißwein
3 EL Olivenöl
3 EL Obstessig
Saft von 1/2 Zitrone
2 EL Honig
Salz
frisch gemahlener Pfeffer
1 Msp. Oregano
1 kleiner Kopfsalat
50 g Salami
50 g Mortadella
einige Pfefferminzzweige

1. Die Tomaten achteln. Die Zwiebel fein hacken und die Paprikaschote in Stücke schneiden. Den Zucchino halbieren und in dünne Scheiben schneiden.

2. Den Mozzarella in Stücke schneiden und mit den anderen Zutaten vorsichtig mischen.

3. Den Weißwein mit dem Öl, dem Essig, dem Zitronensaft und dem Honig mischen, mit Salz, Pfeffer und Oregano kräftig abschmecken und den Salat darin wenden.

4. Den Kopfsalat in Stücke zerpflücken und die Salatschüssel damit auslegen.

5. Den Salat darauf anrichten, mit Salami- und Mortadellascheiben und Pfefferminzzweigen garnieren.

Roastbeefsalat

- Zubereitungszeit: ca. 1/4 Std.
- ca. 110 kcal je Portion
- Dazu paßt Weißbrot

2 Stauden Chicorée (à 100 g)
200 g Roastbeef in Scheiben
100 g feste Champignons
Zitronensaft
1 säuerlicher Apfel
1/2 Bund glatte Petersilie
1/2 Becher Joghurt
1 EL Weißweinessig
1/2 TL Senf
2 EL Olivenöl
Salz
frisch gemahlener weißer Pfeffer

1. Beim Chicorée den Strunk herauslösen, die äußeren Blätter entfernen. Die Stauden quer in schmale Streifen schneiden.

2. Das Roastbeef in schmale Streifen schneiden. Die Champignons blättrig schneiden und mit Zitronensaft beträufeln.

3. Den Apfel schälen, achteln, vom Kerngehäuse befreien, die Schnitze in Scheiben schneiden und mit Zitronensaft beträufeln. Mit dem Chicorée und den Champignons mischen.

4. Die Petersilie abzupfen und zum Salat geben. Aus Joghurt, Essig, Senf und Öl eine cremige Sauce schlagen, mit Salz und Pfeffer abschmecken. Über den Salat geben und gründlich mischen.
(auf dem Foto oben)

Couscoussalat mit Hühnerbrüstchen

- Zubereitungszeit: ca. 1 Std.
- Quellzeit: ca. 1/2 Std.
- ca. 530 kcal je Portion
- Dazu paßt Fladenbrot

Saft von 1 Zitrone
100 g Couscousgrieß
1 Fleischtomate, 1 Mango
1 EL Öl, 1 TL Balsamessig
Salz, frisch gemahlener Pfeffer
1 Prise Zucker
frisch geriebene Muskatnuß
1 Msp. Cayennepfeffer
1/2 Bund glatte Petersilie
2 kleine ausgelöste Hühnerbrüstchen
1 EL Butter
1 EL Öl

1. Den Zitronensaft mit 1/4 Liter Wasser über den Couscousgrieß gießen. 1/2 Stunde quellen lassen. Übrige Flüssigkeit abgießen.

2. Die Tomate brühen, enthäuten und das Fruchtfleisch klein würfeln.

3. Die Mango halbieren und entkernen, das Fruchtfleisch in Stücke schneiden.

4. Aus Öl, Essig, Salz, Pfeffer, Zucker, Muskat und Cayennepfeffer eine Marinade rühren.

5. Die Petersilie grob hacken und mit der Marinade sowie den Tomaten- und Mangowürfeln unter den Couscousgrieß mischen.

6. Die Hühnerbrüstchen in der heißen Butter-Öl-Mischung kräftig anbraten und 10 Minuten ziehen lassen. Salzen, pfeffern und quer zur Faser in dünne Scheiben schneiden. Den Couscoussalat auf 2 Tellern anrichten, mit den Hühnerbrustscheiben fächerartig umlegen.
(auf dem Foto unten)

SCHNELL · FEIN

BRAUCHT ZEIT · ORIENTALISCH

Hähnchensalat

- Zubereitungszeit: ca. 1/2 Std.
- Zeit zum Durchziehen: ca. 1/2 Std.
- ca. 280 kcal je Portion
- Dazu passen Sesambrötchen

150 g kaltes, gebratenes Hähnchenfleisch
200 g grüne Bohnen, Salz
200 g Karotten
50 g Knollensellerie
knapp 2 EL Zitronensaft
2 Mandarinen
1 Becher Joghurt
1 TL ungesüßter Sanddornsaft
1 TL Honig
50 g Friséesalat
1 hartgekochtes, geschältes Ei

1. Das Hähnchenfleisch häuten und in kleine Würfel schneiden.

2. Die Bohnen halbieren und etwa 1/4 Stunde in 1/8 Liter Salzwasser garen, abschrecken und abtropfen lassen. Inzwischen die Karotten und den Sellerie in feine Streifen schneiden, mit etwas Zitronensaft beträufeln. Die Mandarinen sorgfältig schälen und in Segmente zerteilen.

3. Für die Marinade den Joghurt mit dem restlichen Zitronensaft, dem Sanddornsaft, dem Honig und einer Prise Salz verrühren.

4. Das Hähnchenfleisch, das Gemüse und die Mandarinenstücke vorsichtig unter die Marinade heben und alles im Kühlschrank etwa 1 Stunde durchziehen lassen.

5. Den Friséesalat nestförmig auf 2 Tellern anrichten, den Hähnchensalat in die Mitte geben. Das Ei in Scheiben schneiden und den Hähnchensalat damit garnieren.

Avocado-Geflügel-Salat

- Zubereitungszeit: ca. 20 Min.
- ca. 580 kcal je Portion
- Dazu paßt helles Bauernbrot

1 gebratene Hähnchenbrust
1/2 kleiner Kopf Chinakohl
1 EL Sherryessig
1/2 kleiner Zucchino
1 kleine Tomate
1/2 Staude Bleichsellerie
1 Camel Avocado
50 g Crème fraîche
1 EL Sahne, 1 EL Mayonnaise
je 1/2 TL Curry, Koriander, Salz, Zucker
1 EL grob gehackter Kerbel

1. Die Hähnchenbrust in feine Streifen schneiden. Den Chinakohl in Stücke zupfen und auf 2 Tellern anrichten. Mit etwas Essig beträufeln.

2. Zucchino, Tomate und Bleichsellerie kleinschneiden.

3. Die Avocado halbieren, den Kern entfernen und das Fruchtfleisch mit einem Kugelausstecher auslösen. Sofort mit dem restlichen Essig vermengen und mit dem übrigen Gemüse und dem Fleisch mischen. Auf dem Chinakohl anrichten.

4. Crème fraîche mit Sahne und Mayonnaise glattrühren und mit den Gewürzen abschmecken. Die Sauce über den Salat geben, aber nicht untermischen. Mit dem Kerbel bestreuen.

Rezeptverzeichnis

Avocado-Chicorée-Salat 39
Avocado-Geflügel-Salat 63
Bananen-Reis-Salat 48
Blattsalate mit Gänsebrust 11
Blattsalate mit Scampi 7
Blumenkohl-Brokkoli-Salat 24
Chicorée-Lollo-Rosso-Salat 12
Chicorée-Radicchio-Salat mit Thunfisch 10
Chicoréesalat mit Mango 20
Couscoussalat mit Hühnerbrüstchen 60
Eichblattsalat mit Buchweizensprossen 17
Eisbergsalat mit Melone 14
Eisbergsalat mit Sherrysauce 23
Endiviensalat 20
Feldsalat mit Papaya 22
Feldsalat mit Tomatensauce 14
Fenchel-Zucchini-Salat 36
Frühjahrssalat 6
Frühlingssalat 34
Gurkensalat 35
Hähnchensalat 62
Herbstsalat, bunter, mit Kiwis 18
Karottenrohkost mit Meerrettich 30
Karottensalat mit Stangensellerie 35
Kartoffel-Bohnen-Salat 44
Kartoffelsalat Pfälzer Art 54
Kohlrabi-Karotten-Salat 40
Kressesalat mit Lachs 8
Lauchsalat mit Wienerle 56
Levantinischer Salat 18
Linsensalat, römischer 45
Löwenzahnsalat 20
Nudelsalat, bunter 53
Nudelsalat, italienischer 50
Nudelsalat »Banana-Joe« 52
Paprika-Zwiebel-Salat 28
Pilzsalat mit Spinat 38
Radicchio mit Paprika und roten Zwiebeln 13
Radicchiosalat mit Wildkräutern 8
Reissalat, bunter 46
Reissalat, mexikanischer 50
Reissalat mit Kassler 49
Rettichsalat 30
Rinderschinken-Brokkoli-Salat mit Sesam 26
Roastbeefsalat 60
Romanasalat mit Champignons 4
Römischer Salat mit Sprossen 16
Rosenkohlsalat 42
Rote-Bete-Salat 43
Salat mit Schillerlocken 56
Salatnest, buntes 11
Salat »Niçoise« 58
Salatplatte, italienische 59
Spaghetti-Gemüse-Salat 54
Spargelsalat, grüner 33
Spargelsalat mit Champignons 32
Spinatsalat mit roten Zwiebeln 10
Südtiroler Herbstsalat 30
Tomatensalat mit Erbsenkeimlingen 28
Zucchinisalat mit Champignons 36
Zuckerschoten-Kürbis-Salat 40
Zwiebelsalat mit Avocadosauce 27

Dieses Buch gehört zu einer Kochbuchreihe, die die beliebtesten Themen aus dem Bereich Essen und Trinken aufgreift. Fragen Sie Ihren Buchhändler.

ISBN 3 8068 1346 9

Umschlaggestaltung: Peter Udo Pinzer
Gestaltungskonzeption: Christa Johanna Gramm
Redaktion der Nachauflage: Barbara Fleig
Titelbild: TLC-Foto-Studio GmbH, Velen-Ramsdorf (Rezept »Buntes Salatnest«, Seite 11 rechts);
Fotos: Seite 19 oben, 39, 63: Carmel; Seite 19 unten: Neuseelandkiwi; Seite 52: Info Bananen; alle anderen Fotos: FALKEN Archiv
Produktion: VerlagsService Dr. Helmut Neuberger & Karl Schaumann GmbH, Heimstetten
Satz: Fotosatz Völkl, Puchheim
Druck: Sebald Sachsendruck, Plauen

817 2635 44